Flora De Biase

Alchimia del Cuore

Youcanprint

Titolo | Alchimia del Cuore
Autore | Flora De Biase
ISBN | 978-88-31651-78-3

Youcanprint
Via Marco Biagi 6 - 73100 Lecce
www.youcanprint.it
info@youcanprint.it

INDICE

Artista

Cinque sono i colori della vita.
Cinque sono le righe di un pentagramma.
Cinque sono i sensi
che amalgamo tra le dite
di quella mano il fuoco
della passione, dell'orgoglio,
dell'onore, del rispetto e
 del coraggio...
Lascia tutto se stesso
nella materia, sul telo e
nel colore del foglio
di una sua creazione.
Arte!
Si, è arte.
Si legge, si vede ,
si ascolta l'anima
dell' artista, che per mano
ti coinvolge il cuore,
che dona alla mente quel fotogramma
d' emozione, etereo della vita.

Fermentazione!

Con parole burlesche
descrivi la tua grande altezza,
che per intera entra in una botte di vino.
Pregiato come la vita che è in te,
invecchiato dai rintocchi del tempo.
Frizzante al dì, dolce come le carezze
donate con il cuore,
forte alla lotta per dire: Eccomi!
Brioso come la tua essenza all'amore.
Lasci il profumo a chi vuole un goccio,
di te, nel suo bicchiere vuoto
come le sue parole.

Arcobaleno

Ad ogni pioggia
che bagna la chioma,
mi porta a cercarti
nell'immensità del cielo
"Te" che nell'ultima goccia
 con un raggio di sole irrompi
il grigio, con quell'arco.
In quei colori i pensieri
prendono forma a chi sogna
un mondo più onesto,
e nella lacrima degli occhi rimani,
impresso.
 Nasce sulle labbra
la parola speranza
bandiera per chi crede
 in un nuovo giorno.

Malattia

Un altro giorno è finito,
consumato.
Come questo corpo
preso senza permesso.
Hai cambiato le mani
che accarezzavano la terra,
i fiori, i miei figli
e il volto della mia amata.
Hai graffiato la voce
per il gusto di non farmi dire
la verità di te,
compagna crudele.
Uccidi senza pietà,
con forza l'interno di questo corpo.
Sul volto traspare la sofferenza di chi amo
e che si aggrappa alla speranza di quelle cure.
Metto quella maschera bugiarda
nel dire loro: domani, domani
starò meglio!
Adesso falla finita
Lo sai a chi aspetto!
Contro di Lei non puoi far nulla
e sarà la mia salvezza.
Vieni ti aspetto, ti combatto
fino all'ultimo battito.
 Credo nel amore unico miracolo
 di luce pura per questa vita.
Nella luce me ne andrò e tu:
 prigioniera sconfitta dormirai,

in quell'involucro prima
inerme, che si è ribellato a te.

La signora

Affianchi
ogni lasso di tempo
 e ti nascondi nell'ombra
dell'ombra nel rispetto della vita.
E' c'è chi vuol vedere
quella degli altri
e non pensa la sua.
Non ti importa dell'età,
se son poveri o se son ricchi
tanto a te del denaro che ti importa!
Non hai famiglia, non hai amici,
non hai amori e né educazione.
In un attimo nel tuo abbraccio
si ferma il tempo, per sempre.
Stai sempre in piena attività
E' già: " tu sei la Signora"
al centro della notizia.
Povero mondo malato
da noi, cancro,
dall'ingordigia del potere,
del denaro, dell'essere
un continuo Caino ed Abele.
Nessuno comprende le lacrime
che versi nel sentir l'ultimo respiro.
Perché... sai cos'è la vita.

Mio Matteo

Il tuo corpo
rivestito dal filo da baco.
Accarezzo la tua pelle,
delicata, come le ali di farfalla.
Sfioro le tempie, sento i pensieri
e rivedo i tuoi ricordi
nella saggezza delle parole.
Mi porti nella tua gioventù,
con attimi di forza, di gioia
vissuti nel nome della vita.
La responsabilità
di aiutare il prossimo
per il futuro dei tuoi figli.
Le lotte affiancato da Nennè,
che cerchi nelle notti buie
in attesa della sua mano
per riprendere la via lasciata
a metà.

Dedicata al mio caro Matteo Marone, che ha
combattuto la sua malattia con umiltà, nell'abbraccio
della fede.
Donando la forza di lottare, con lui, come padre
affettuoso asciugava
le nostre lacrime, con un sorriso e serenità.

Terra mia

Non guardi la bellezza
che ogni giorno ti dono.
Guarda gli oggetti
che disordinatamente mi lasci
per i miei sentieri, per le mie strade.
Avveleni le mie acque,
fonte della vita,
nascondi scorie e …
 sangue innocente
nel mio grembo.
Trasformandomi nella terra dei fuochi
uccidi i tuoi figli i miei nipoti.
Dinnanzi ai miei malumori
naturali senti la tua impotenza.
Nel pianto dei tuoi fratelli
sguazza la strafottenza
della finta umanità
nascosta da un sorriso solidale.
 Con orrori sottobanco continui
e non pensi ai tuoi fratelli, ma
alle tue tasche peggio dei miei
malumori.
Io sono la Terra
e tu solo un viandante
figlio mio!

Essendo Vivi

Sono stanca di percepire,
in questo mondo, l'ipocrisia
chiamata pace.
A quei incidenti di notte funeste,
che rimangono giovani per sempre.
A quei bulli che si credono forti
ma sono dei galli.
A quelle guerre silenziose
tra le quattro mura
che lasciano la scia
dell'ingiustizia.
Non voglio più sentire bugie
sulle guerre
quando i primi che danno le armi
per non perdere l'oro nero
sono i GRANDI.
Conoscenza di tante religioni
quando Dio è uno
e non accetta mazzette
per accoglierti in paradiso.
Delle false promesse
illudendo il popolo
colto ma stolto,
gridando l'uguaglianza
che burocraticamente
chiude le porte
da chi ha le tasche vuote.
Basta, basta
restare in questo lembo

di apatia.
Alziamoci e riprendiamoci
la dignità di esseri vivi.

Temerarietà

Ci vuol coraggio
a riprendere il volo
a chi senza ritegno
ha ferito le tue ali.
Ha stropicciato,
strappato e bruciato
la pagina della vita.
Ci vuol coraggio a urlare
contro l'ipocrisia dell'amore
e credere nella sua magia
che è vita.
Ci vuole coraggio a lottare
senza l'aiuto della legge
per difendere la dignità,
per non marchiarla sulla pelle.
Ci vuole coraggio a credere
nei valori quando fuori alle tue
mura c'è chi li calpesta senza ritegno.
Ci vuole coraggio a dire la verità
in questo mondo bugiardo,
che nel mar della menzogna
fa annegare gli innocenti.
Ci vuole coraggio a dire eccomi
a chi ha donato la vita
senza volerti.
Ci vuole coraggio
a sciogliere quei nodi di parole
in azioni d'amore
senza chieder nulla in cambio.

Ci vuole coraggio a sopravvivere,
in questa realtà che strappa i sogni
che preferisci volino
per divenir nuove nuvole.

Libertà

Lasci andar i passi
uno dietro l'altro
sull'asfalto bagnato.
Complice, la pioggia
che, cancella le orme.
Scivola sul viso,
come una carezza
per eliminare dagli occhi
quelle lacrime che non meritano
battaglie.
I capi bagnati l'abbracciano,
per proteggere il tepore tremulo
del corpo, dai fantasmi del perché?
Lo scroscio diventa musica
con parole mai sentite
che, assesta a quel battito lento
la forza.
 Danza a braccia aperte
con un nuovo sorriso,
ed abbandona alle spalle il perché?.

Abbraccio il nemico

Boom!
Non più case,
ma solo macerie
vedono i miei occhi.
Non più sorrisi,
ma solo pianti
sentono le mie orecchie.
Non più un ciao,
ma un addio
a chi ti era accanto.
Non più quel silenzio di punta,
ma un silenzio di dolore.
Dopo la guerra vi è la pace
senza i miei cari è solo una nuova guerra.
Una pace sofferta,
combattuta dal dolore
e dalle rassegnazioni,
che tutto riprenda
com'era un tempo che non sarà.
Vuoi che duri la pace
per quella scia di sangue,
che ha lasciato nel cuore
del mondo.
Per primo depongo l'arma
 e abbraccio il nemico.

Amore malato

Ascolti il battito
lento del cuore,
che ancora una volta
vince alla sua aggressività
d'amore malato.
Le sue carezze di schiaffi,
di pugni, di calci e…
rivestono il corpo
di rosso scarlatto,
che non va via
con lo strofinio
della spugna.
La mente infilzata
dai suoi insulti,
dalle sue finte giustificazioni,
e chiede alle spoglie
di oltrepassare il varco,
come un baco da seta
nella sua metamorfosi
che lasci in quel bozzolo
il filo del dolore
per riprendere
il volo della vita.
E nella catena
della denuncia,
abbandoni
quell'amore malato.

Dignità

Hai permesso di ridurti
in frantumi,
da chi comprende
tra le rime, parole mai dette.
Da chi ha la serpe in seno
per il gusto di nascondere
la loro muta cattiveria.
Nelle lacrime di sangue
hai bramato la fede,
che nell'ultima cellula
ha ritrovato l'abbraccio
della bambina che è in te,
che per mano a cavallo
dell'arcobaleno ti ha condotta,
nei suoi colori.
 Per raccogliere le briciole
dei tuoi rilievi che nel silenzio
della fragilità di essere donna
doni nella dignità dell'amore.

Speranza

Ad ogni pioggia
mi porta a cercarti
nell'immensità del cielo
"Te", che nell'ultima goccia
 con un raggio di sole irrompi
il grigio, con quell'arco
di sette colori e nelle sue
sfumature i pensieri
diventano veri sogni,
 tra le nuvole.
Per un attimo, vuoi che scendono
sulla terra come coriandoli,
per ridare la voglia di vivere
a chi sopravvive nell'ombra di sé,
con tasche piene di oneri
senza il tintinnio di quattrini.
Impresso negli occhi rimane
l'attesa di sguardi felici a un futuro
che non c'è più.
Nasce sulle labbra
la parola "speranza",
bandiera per chi crede
 in un nuovo mondo.

Il seme dell'amore

Hai piantato il seme dell'amore
sotto alle mura antiche.
Il raggio di sole abbraccerà
la sua crescita nella verità
della sua spontaneità.
La luna lo cullerà,
lo proteggerà
nelle notti buie
di quest'amore nascente.
Vedrà passare dinanzi
baci rubati, baci bugiardi,
baci legittimi pieni di passione.
Maturerà il frutto, nell'attesa
di chi possiede
quel raggio di sole nel cuore,
con il candore della luna
nel suo bacio leale
liberandolo nella realtà.

Rinascita

Inciso, quel cuore nel tronco.
Il calore sconosciuto delle dita
scombussola il suo interno.
La clessidra del tempo passato,
dona con il tepore ai ricordi fedeli
 a quel cuore e le schegge
 non pungono
a quell'ardore di dolcezza,
di purezza racchiuse
nelle impronte di quella mano
alla vita.
Vorrebbe solo nutrirsi,
non può, perché sa cos'è
l'amore e con sottile sofferenza
riprende a battere per una nuova
giornata di sole,
 fino alla fine del ciclo.

Il gelo e poi l'Amore

Nel buio della notte
mi avvolgi nel tuo velo
di cristalli gelidi.
Nascondermi vuoi,
alla luna, soffocare il canto d'amore
che alla sua luce non posso tacere…
Affido al suo candore la mia innocenza
e nella sua scia cerco l'essenza.
Ritrovare la libertà in un raggio
di sole.
Non brucia le mie radici,
le scalda nel tepore dell'amore.

Goccia d'anima

Da una tua lacrima son nata.
Lasciandomi cadere
in quell'angolo di cuore.
Nel corso dell'esistenza
l'hai dimenticata.
Diserti il vortice
delle emozioni
tra sorrisi e pianti,
tra la gioia di un fiore
e il dolore di un addio,
tra il perdono e le offese.
Nei mille sogni l'hai toccata,
l'hai veduta e l'hai amata.
Tra le rime di una poesia
l'hai cercata,
tra le note di una canzone l'hai sentita,
tra una folata di vento l'hai percepita,
 l'assenza.
Hai perso tutto perfino la parola.
Nel silenzio dell'ombra
c'è chi sente e vede la tua luce.
Ti cerca perché sei la sua lacrima
per divenire assoluta.

Ecco!!
La vita.

Con la scissione
tra l'addizione e la sottrazione
se sarai un negativo o positivo
risolvi la prima parentesi tonda
col primo vagito.
Equazione della vita.
Muovendoti tra somma
di nuove emozioni,
sottrai le paure e le delusioni
per chiudere a mano a mano
le quadre.
Per affacciarti alla società
per divenir un unico risultato nella società.
Produci i nuovi sogni,
i nuovi progetti,
i nuovi obiettivi
per aver tra le mani
le decisioni di dividerli
con chi ti circonda
 e nel chiudere
la parentesi graffa...
Ecco!! La vita.

Verità di un attimo

Eri troppo pesante per lei.
Sul dito sei scivolata
integra e limpida,
che hai brillato ai primi raggi,
in quel buongiorno.
Restituisci quell'attimo
di un mondo che non sa,
ma le appartiene,
per restar tangibile
nel tempo che verrà.
Dei ricordi a lei ignoti
riprenderanno forma,
come un granello di sabbia
bloccato nel centro
della clessidra che solo ora
riprende vita,
base dell'amore.

Verbo assoluto

Aspetto che il tempo passi
su questo corpo fiorito
e senza frutto.
In attesa di quel frutto
 tanto desiderato,
sognato, sperato,
che la realtà arida
ha sepolto nelle sue radici.
Aspetto il verbo nel nuovo dì,
con parole senza voce.
Nel gemito di un bambino,
averti la voglia d'iniziare,
di scoprire nel suo sorriso
 la grandezza di te.
Nel pianto di un anziano
avverti la ricerca del perdono,
 degli affetti perduti.
che va contro corrente al suo essere.
E in quell'abbraccio ritrova
la grandezza di te.
Assoluto amore
che senza non è vita.

Avrà cura di te

Nel palmo, perdevi
la tua mano piccola
e delicata come un petalo.
Al seno, ti sei aggrappato,
e del sapor della vita ti sei nutrito.
Cresci nel silenzio di quel primo
pulsare.
La magia di te la rende speciale,
una sacerdotessa che in quel grembo
immaturo di chi è ancora un bocciolo
la stai per rendere madre.
Il suo inno alla vita sei divenuto
per ben due volte.
Le tue lacrime bacia, per ridarti
il sorriso.
Nelle notti veglia il tuo sonno
e tra le carezze nascoste
ti affida all'angelo custode.
Accurata nel cullarti nella ninna
nanna del suo cuore nella forza
dell'amore e dal tuo sorriso
riprende a vivere.
E' pronta a rialzarti mentre stai per cadere.
Lei che ti ha donato la vita,
adesso vien ferita, in fondo lei chi è?
E' quella parte invisibile di te
e se ti guardi nello specchio,
la troverai in un tuo tratto,
Rispettala per rispettare te.

E' colei che quando non stai bene
pronunci ben due volte le labbra
ed è colei che avrà cura di te
senza tempo.
Nelle tue imprese ti è accanto
nel silenzio delle ore,
e nei dissapori con una carezza
ti fa sentire unico.
Puoi rinnegarla, ma rinneghi te.
Puoi odiarla, ma odi te.
Puoi non aver tempo per starle accanto,
ma lei avrà sempre cura di te

L'ultima primavera

Distesa sul prato,
guardi il tango
tra nuvole e il vento
che abbraccia l'ultimo
pensiero.
Abbandonata nel canto
degli uccelli senti
il tuo respiro pacato
unendoti alla terra.
Senti le tue radici
in quel fiore selvatico
che lotta nella sua semplicità
il freddo, il vento
la pioggia e la neve
per avere la sua primavera.

Sei

Con un volo sinuoso
entri nel pensiero.
Il profumo della gardenia,
mi porta da te
che della sua purezza i miei occhi
si son nutriti.
Sento una voce soave sussurrare
il mio nomignolo, nel vento.
Ti cerco nei volti di chi incrocio,
e come un treno senza più freni,
senza più fermate vuol accarezzare
per la prima volta il tuo volto.
Sa con certezza che esisti e temo
 che con i rintocchi del tempo
cancelli il profumo della gardenia
nel cuore per divenire una rosa del deserto.
Sei la mia nota stonata di quella canzone
che la vita nel suo lasso mi dona.
Sei la parte migliore di me, che gioca
a nascondersi nella timidezza di osare.
Sei la mia terra dopo tanto girovagare
dove poter iniziar a vivere.
Sei quel respiro corto e veloce
 inciso nel mio petto.
Sei...

L'Impronta di te

Metto i passi nelle impronte
lasciate sul bagno asciuga
che la bassa marea si accosta,
ma non cancella.
I raggi del sole illuminano
la sabbia pressata come oro.
All'orizzonte so che ci sei,
ad ogni mio calco nella tua
avverto la tua grandezza.
Il mare ha cancellato la via
dietro di te e guardi avanti
in cerca di chi possiede
l'odore del mare sulla pelle.
Negli occhi la stella polare
che mi porta nel suo porto,
dal suo respiro, come folata
di vento climinerà fino all'ultimo
granello di un passato negato.
 Tra le sue braccia la dimora
della venere,
delle sue carezze riveste le forme
sinuose di voi e del tuo amore
il suo nutrimento.

L'isola che non c'è

Baciami!
Baciami da farmi soffocare
nel nostro respiro.
Stringimi!
Stringimi nell'abbraccio
dei nostri cuori,
da liberare la passione
racchiusa dei corpi,
che penetra nella pelle
bagnata dell'immenso
mare dell'amore.
Con le sue tempeste,
le sue maree, le sue albe
e i suoi tramonti.
Per giungere nella stretta delle mani
l'isola che non c'è.

Luce Mia

Non meravigliarti
se son qui.
Dai tuoi sogni
son uscito per prenderti
e condurti per mano
nel mondo dell'amore.
In questo mondo che dice che sa!
Non meravigliarti se ti bacio le labbra
con la pioggia che bagna il tuo viso.
Non meravigliarti se ti abbraccio
 come raggio di sole, la fragilità
del corpo innocente.
Non meravigliarti se gli uomini
 vogliono solo quel bagliore
d'amore ormonale,
per vivere una favola
di un sentirsi vivi.
Tra i mille sinonimi si perdono.
Non sanno cos'è l'amore
per la maestria di pugnalarlo
nel dì.
Ipostasi di corpo, mente
ed anima nella trinità
della vita.
Culla il cuore al chiarore della luna,
ti porterà da me, luce mia.

Totalità

Da quando so che esisti,
il nuovo giorno
è pieno di colori,
il ticchettio del tempo
è un sorriso.
Non ho più ferite
e non penso più
a quanto cammino
ho fatto per trovarti.
Non so cos'è l'amore
senza di te,
che sei il miracolo
dell'amore.
Quanta forza mi dai
nel silenzio delle parole.
Ad occhi chiusi
ti sento nel respiro,
 ed in apnea resto,
 per vedere brillare
le stelle dei tuoi occhi,
che mi portano te nella realtà.

Alchimia del cuore

Cerco te, le tue mani
nell'accarezzare il mio volto.
Nell'abbraccio stretto del mio corpo:
il tuo.
Nel battito irregolare sento il tuo.
Doni un brivido di gioia a miei pensieri
che conducono a te.
La felicità di un attimo perso,
e ritrovato nel profumo della tua pelle
impressa sulla mia.
Cerco te nel riflesso dei miei occhi,
che mi portano nella luce dei tuoi.
Nell'unico respiro profondo,
quel bacio, alchimia dell'amore.

Youcanprint
Finito di stampare nel mese di dicembre 2019

9 788883 651783